Ville Pohjalainen

Vihreän viinan runoja

Kustantaja: BoD – Books on Demand, Helsinki, Suomi

Valmistaja: BoD – Books on Demand, Norderstedt, Saksa

ISBN: 978-952-80-2573- 3

Kerran tunnetuille runoteknologioille!

Kerran löytämälleni polulle!

Kerran tuntemalleni elämälle!

Niin, ja unelle jossa minua kerran suudeltiin.

Kiitän seuraavia henkilöitä, jotka mahdollistivat tämän
kirjan julkaisun:

Susanna

Mirka

Anna

Hannu

Antti

Harry

Anu

Sisällysluettelo

Vihreän viinan yöt

Nuoruuteni kadottua

hämärä kasvoi ympäröiviksi seiniksi,

tahmaiseksi huuruselliksi.

Aika valui

huuhtoi ovet ja ikkunat

ja vaikeroi

kun ei muuta osannut.

Yöt loistivat, loimusivat, lomittuivat, sekoittuivat,

vaipuivat yhä kauemmas.

Hortoilivat, hourailivat kipujaan, kaipuutaan.

Muodostivat muhkuraisia, murenevia, muotoaan muuttavia

hiekkaunelmakarttoja vaikeimpaan.

Puhurit yltyivät, ärjyivät sumua, satoivat tuhkaa ja nokea!

8

Kasvoivat pulleina kuplina, kiehuivat, ääntelivät, kihisivät.

Narskauttivat korkkeja, kiskoivat rotkoihinsa.

Kutsuivat apua!

Kutsuivat jumalia, enkeleitä

tai edes toista ihmistä!

Sytyttivät merkkitulia!

Huusivat pimeyksiin!

Käänsivät kiviä

ja kirosivat loputtomia taipaleita.

Kutsuivat,

sillä janosivat sanoja

joita ihminen ei voi itselleen lausua

ja janosivat lupausta

vakuutusta, vannottua valaa.

Katsoivat viistosta.

Katsoivat vihreää viinaa himoten, läikkyen.

Katsoivat tuomiten, tuhoten, turmellen,

tuntematta enää mitään.

Riepottelivat ja runtelivat

josko edes yhden kyyneleen,

mutta ei enää edes sitäkään.

Katsoivat menneitä syksyjä ja talvia,

upottavia umpihankia,

pakkasen kohmettamia unelmia.

Myräköiden kinoksiinsa hautaamia kirottuja korulauseita,

joiden varaan olisi täytynyt laittaa kaikki,

joita olisi tullut toistaa yhä vähemmästä ymmärtäen.

Katsoivat pitkää pimeyttä,

joka sokaisee silmäys kerrallaan,

tekee pahaa,

nyrjäyttää mielen.

Unohtaa kaiken hyvän,

kaiken jossa oli vähänkään valoa ja toivoa.

Unohtaa itsensä elämän!

Tuo kaikki surussaan suurenmoista!

Tuo kaikki epätoivossaan loistokasta!

Tuo kaikki inhimillisyydessään irvokasta!

Rikkinäisiä säkeitään kolkot yöt kohmeissaan horisivat,

piehtaroivat innoissaan,

sillä tiesivät viisauden,

tiesivät salaisuuden tummien vesien usvan takana.

Täällä kohtaisi vaikeimman, kivuliaimman.

Jos ratkaisisi solmunsa

antaisiko periksi, luovuttaisi, tekisi muutoksen.

Antaisiko anteeksi itselleen?

Keksisikö silti keinon

olla kovettumatta,

muuttumatta katkeraksi?

Aamut olisivat

valossaan uudenlaisia.

Askeleet painautuisivat tutkimattomille poluille reippaina.

Käsi nousisi merkiksi kiitoksesta

tervehtiäkseen, iloitakseen, hyvästelläkseen,

ihmetelläkseen loputtomilla tavoilla maailmaa ja elämää.

Aamujen lämpöisissä lakanoissa

lepäisin hetkisen,

odottaisin tovin.

Jos puhuisin

puhuisin runoilijoiden kieltä.

Jos kuulisin,

kuulisin vain hyvän.

Jos katsoisin,
niin kauas silmiisi.

Olisiko niissä sama loisto,
sama polte kuin minulla?

Katsoisivatko ne takaisin erilaisina,
kuin mikään muu?

Katsoisivatko ne kertomaan
sanomatta jääneen?

Unimetsä

Vaikka olen vielä täällä,

vaikka maailma tapahtuu yhä ympärillä,

verkkaisina harmaan teen makuisina iltoina,

ikävä hiipii lävitse.

Niin paljon on tapahtunut!

En halua kertoa enempää,

en edes yritä selittää.

En ole enää korjattavissa

Lähde, pelasta edes itsesi!

Mutta öisin juokse uniesi metsiin:

lapsuutesi hämmästyneisiin unelmiin, katseisiin, ilmeisiin.

Viattomiin ja puhtaisiin hetkiin.

Muistatko ensimmäisen letun,

jonka opettelit paistamaan?

Siellä unimetsän sopukoissa on piilotettuna jotain sinua varten:
pala onnen leipää, kirjailin siihen nimesi.

Puolet laita talteen matkojasi varten
ja puolet murusta polun varteen,
jotta mieleni löytäisi aina luoksesi
muistoissa ja unissa.

Lammen rannalla keitetyn lohikeiton maku,
aamukaste heinäpellolla, seipäiden rivistöt
joulukuusen koristelu, kinkun paisto, paistorasvan tuoksu.

Hyvä ja puhdas ja kaunis ja kiltti ja reipas ja pyhä
ja kaikki, joka minun tuli sinulle opettaa,
ja kaikki pelkkää valhetta,
karua valhetta joka satuttaa syvältä.

Kirkkain silmin uskoit kaiken
etkä ymmärrä mitä se teki minulle:
hetkien verran saatoin uskoa itsekin.

Lähde jo, pidä kiirettä, mutta muista:

olit minulle tärkeintä ja kalleinta.

Unohda kaikki paha sen jälkeen.

Unohda,

etten osannut suojella sinua maailmalta.

Valmiina

Tärveltyneet tähtikartat ennustamassa menneisyyttä.
Mistä ottaa kiinni ja mikä murenee käsissä, kaikki.

Kuinka syvälle voikaan huomaamattaan upota.

Kuinka kaiken haluaa nähdä,
muunnella mielessään asioita, tulkintoja.

Kadotetun yön vimmaiset kaiut soivat yhä.
Kirjoitan juhlapuheita unohdetuille runoteknologioille.

Kaiken jälkeen ikuisuuden pidot,
kirjeenvaihdot taivaankannen koneistoissa.
Pitkän pimeän piirtämät jäljet silmien takana.

Elämän laulamat huuruballadit, kännisirkukset
ja nimi tuulen kahinassa!

Pitkät pullolliset punaviiniä, helteiset kesäyöt,
heinäsirkkojen siritys.

Kaiken yllä kirjainmerimiesten suojeluskuu.

Hauraat sanat,
upottavat lauseet takanaan koko maailman paino!

Polttamassa puhki kirjojen sivuja,
murskaamassa orjakahleita,
rikkomassa ehjäksi ajatuksia.

Kaupungit, joissa en käynyt.
Ihmiset, joita en tunne.
Tarkoitus, jota en ymmärrä.

Rakkaus, jonka vuoksi valvoin öitä.
Sama rakkaus, jota en koskaan tuntenut.

Löysin silti muuta,

pienten ihmisten välistä lohtua.

Vuosi on paljon,

enemmän kuin tahdon tietää.

Kauan on kulunut, värit haalistuneet, polte sammunut.

En ole enää nuori.

Valmiina vääränlainen maailma.

Valmiina vääränlaisia kirjoituksia,

Yksinäisyyteni dokumentaatio.

Matka vei karuihin mutkiin, huonoihin aikoihin,

meni toisin kuin piti.

Etsin kauneutta kaikesta.

Sitä on kovin vähän, ei yhtään,

mutta vain lohdulla on enää väliä.

Sinä yönä

Sinä yönä
unohdin hetkeksi itseni.
Jokin kauan kadotettu
löytyi uudelleen.

Sinä yönä
katsoit silmillä,
jotka sähisivät ihmeellistä voimaa,
himoitsin loistettasi.

Sinä yönä
käärit minut uniisi,
veit mukanasi outoihin paikkoihin,
kanssasi en osannut pelätä.

Sinä yönä
minä päivänä!

Koetan ymmärtää luonnettasi, arvoitustasi.

Yritän rakastaa sinua,

mutta eihän päivä voi koskaan yötä omistaa,

yötä saavuttaa, yötä tuntea.

Joskus pilvien peittäessä taivaan hämärtää.

Mietin sinua ja voin kuvitella sinut,

ikuisen sielusi jokaisen koukeron.

Tahtoisin koskea sinua, mutta en voi.

Erikoinen mies

Hän oli erikoinen mies.

Istui päivät pitkät terveyskeskuksen odotushuoneessa,
vaikka hänellä ei ollut koskaan lääkärinaikaa.

Soitti säännöllisesti kelan puhelinpalveluun pahimpaan
ruuhka-aikaan, kuunteli jonotusmusiikkia
ja sulki puhelimen heti, kun siihen vastattiin.

Huonolla ilmalla hän käveli pitkin katuja tehden pientä
ympyrää, tuijotti vastaan kulkijoita ja irvisteli.

Aurinkoisella ilmalla hän ei avannut verhoja, eikä ikkunoita.

Hän piti taskulämpimästä keskioluesta, halvimmasta
purkkihernekeitosta ja kraanavedestä.

Eniten hän rakasti seistä kaatosateessa ilman sateenvarjoa,
tulla sateen tauottua kotiin ja tuoksutella märkiä vaatteita.

Kun hän suuttui, hän paritteli tuntikaudet vanhoja sukkia.

Kun hän oli onnellinen, hän pureskeli hiekanjyviä
päästäkseen hammaslääkäriin.

Mies vs. Tuoli

Alla näemme puutuolin, ikää noin 10 vuotta

ja koostuu vahvasta koivupuusta.

Päällä näemme miehen, ikää 32 vuotta ja paino noin 125kg

eikä tunnettuja fyysisiä sairauksia.

Aikamme gladiaattorit ottavat yhteen!

Tilanne on kutkuttavan jännittävä!

Erä 5042 on juuri menoillaan:

kumpi kestää pidempään hajoamatta?

Mies vai tuoli?

Tuoli vai mies?

Kuluu jo 5. tunti,

kun mies istuu tuolilla kuin tatti.

Toisaalta tuoli on vankkumaton,

vaikkakin narskuu hieman

jalan nytkytyksen seurauksena.

Tässä on suuren urheilujuhlan tuntua!

Miehen kasvoilla alkaa selkeästi
olla suuren tuskastumisen merkkejä!
Tuoli pitää sitkeästi pintansa,
mutta mies laittaa tietokoneelta kuulumaan
rohkaisevaa musiikkia.

Miehen sitkeys on uskomatonta laatua,
mutta niin on myös tuolinkin.
Herra siunaa, tätä suurta henkien taistelua!

Mies alkaa virkistyä, hän on keittänyt
päivän kolmannen kahvipannullisen!
Tuoli pitää pintansa ylväästi
eikä osoita minkäänlaista taipumisen merkkiä!

Palaamme heti mainostauon jälkeen,
tähän suureen mittelöön!

Raivoni yö!

Kaiken yllä liikkui yö, vyöryi yö, raivoni yö!

Taivaankannen kaaosmekaniikat ulvoivat voimaa,

miljoonia elämäntarinoita tuuleen,

joista yksikään ei jätä jälkeensä ainuttakaan runoa.

Valuivat takaisin sadetta outokaupungin kaduille toisaalla.

Tuhorattaistot rullasivat,

raakalaisruoskat iskivät liekkiä!

Nämä olivat kesän värejä.

Kirjattakoon ylös koko kirjossaan kesä,

luonto, kaikkeus, elämä ja suuri elämätön.

Epätoivossaan loistokas yö irvisteli inhimillisyyttä:

kumpi satuttaa lopulta enemmän, eletty vaiko elämätön?

Vyöryi yö, raivoni yö, epätoivoni yö, mittaamaton yö,

yököteltävä yö, surussaan loputon yö, lohduton yö!

Kaukana katosi kaupunki

yön värivaloissaan pulppuavaan syliin!

Kaukana katosi, piirsi mennessään piirun pirteää pirtupimeyttä!

Tuhannet tuskaisen tuhoavat turruttimet!

Etsi pohjaa pilvitaivaalla,

ei sitä muualtakaan löytäisi.

Juoksi karkuun ikuisuuden hämärää,

joka lähestyi takana,

muutti todellisuutta olemattomaksi.

Yritti kirjoittaa talteen sanoja, ihmisiä, hetkiä.

Katseli paperipinojen verran omaa kyvyttömyyttään.

Kirosi ja työnsi silppuriin vapautensa sivut!

Repi riekaleiksi kaiken vähänkin toivon!

Raivosi yötä!

Raivosi kyvyttömyyttä!

Raivosi suurta elämätöntä!

Raivosi sairasta vitsiä,

rakkaus on sairain vitsi kaikista!

Yökötteli sanomatonta ikävää,

pohjatonta surua ja huimia huuruja!

Kirjoitti yökirjoituksiaan

Kirjoitti ikuisia sieluja naamioiden taakse,

sokaisevia pimeyden sanoja,

jotka puhalsivat pois kaiken hyvän

joka joskus teki matkaa.

Ihmiselämän verran epätoivoa valui sormien lävitse,

eivätkä mitkään sanat riitä koskaan kuvailemaan.

Jyskytti sänkyä yksin vasten kerrostalon seinää,

kusi ruohon keltaiseksi aidan toisella puolella,

pelasi potaattishakkia,

saapui baarista haisten ja saamatta pesää,

seilasi läpi yhä lyhyempiä vuosia

ja ihmetteli aikaa

joka ei odota eikä anna armoa.

Yö jahtasi jo pimeintä hetkeä!

Tuhat synkkää monologia puhkaisi reikiä taivaankanteen!

Satoi kylmää valkoista!

Satoi vihreää viinaa!

Satoi pätemättömiä sanoja tarinoiden revetessä loistoonsa!

Sylkeä lattialla epätoivon tapahtumahorisontin takana,

tuhat valovuotta matkaa runouteen.

Rajut rakastelut, neitsyet nussivat, norsut nussivat!

kahvin makuiset huulet, armolliset aamutupakat,

reikäiset suojamuurit, yön kirotut kaiut.

Aikalaiskrapulan jäljet lakanoissa

ja maailma avautuu vasta myöhemmin

ja maailma kertoo sanomatta jääneen

ja maailma nostaa taustapeilissä kätensä merkiksi kiitoksesta!

Taivas muuttuneena pimeäksi!

Taivas oli meissä!

Taivas oli jo kauan sitten menetetty!

Yön raivoisa aikalaisviitta,

pohjattoman syvät kuilut, huuruballadit!

Syöksykierteiden maamerkit,

veriarpiset voiton merkit ikuisessa taistelussa.

Katselee katuja, kaupunkia, savannia, petoja ja saaliseläimiä

eläintarhaa, suurta vankilaa.

Valtasuhteita ja alistamista,

aikakausien vaihtuvia lippuja.

Katseita nuorten naisten kasvoilla,

uudenkarheita sivuja täynnä sukupolvikokemuksia.

Hyvyys meissä kaikissa!

Pahuus meissä kaikissa!

Moottorien äänet jälkiteollisessa autiomaassa!

Ohitse lipuvia sumukatuja,

sätkätarvikkeita, tikkuja ja paperipaloja repuissa.

Nuo vuodet! Nuo vuodet!

Suuren elämän kyytiin luotetut kohtalot,

tarinoiden lannistumattomat pääosat

polttavat painollaan puhki kirjojen sivut!

Elämä on, aina ja yhä!

Tehdä vaikein ja antaa kaikkensa elämälle!

Kaupunki

Kaupunki, johon saavuttiin,
oli pukenut ylleen himokkaat valokuviot.

Yön ääniä se himoitsi:
soittoa ja hälyä,
moottorien ääniä, sireeneitä,
terassien puheita.

Sekä yön nautintoja:
yökerhojen tanssilattioita,
yhä vähemmän arkoja kosketuksia
sekä suudelmia hississä
kerrosten välillä
matkalla hotellihuoneeseen.

Muistoistaan juopuneet elämää himoitsevat mielipuolet!

Muistot, joita vaalii aarteenaan.

Kiillottaa, työstää ja muuntelee.

Tislaa ja pullottaa.

Koostaa selityksiä, käsityksiä.

Naisen kasvoilla loisti enemmän runoutta,

kuin yhteenkään kirjaan on saatu koskaan tallennettua!

Kaupunki, josta kerran lähdettiin,

oli kuin kirjasto täynnä hetkiä, elämyksiä.

Ihmisiä, joista en oppinut tuntemaan yhtäkään

ja joita kaikkia rakastin.

Mahtavien lauseiden yö

Mahtavien lauseiden yö!

Degeneroituneiden kirjoitusten yö!

Elämänpelin logiikat, mekaniikat,

mutta kuinka voi hävitä pelissä,

jossa ei annettu edes mahdollisuutta?

Helvetilliset kierrokset, loputon voima ja polte!

Silmien takana polttaa yö, lohduton pimeys!

Tuijotan seiniä, kattoa, tyhjää valkoista ruutua!

Taivaalta sataa vihreää viinaa,

koko muu maailma humaltuu,

tanssii hiprakassa pitkin katuja!

Taivaalta sataa rakkautta,

koko muu maailmaa

suutelee intohimoisesti!

Taivaalta sataa sähiseviä elämäntarinoita!

Taivaalta sataa räiskyviä kosketuksia!

Taivaalta sataa tuhat onneksi suotua katsetta
ja vedän verhot kiinni
en kestä nähdä enempää.

Kirjoitan mahtavan lauseen toisensa perään!
Kirjoitan kalevalamitassa puhuvan polun
metsässä, jonka puut kuiskivat suuresta taistelusta.

Polun varrella viisi ruostunutta unelmaa.

Polun varrella seitsemän lyyhistynyttä toivetta.

Polun varrella miljoona tuskaiseen irvistykseen
vääntynyttä mahdollisuutta,
joista jokaisesta kasvoi metsään uusi puu.

Metsä on runoilijan mieli ja sielu.

Polku kehottaa jatkamaan matkaa

ja polku kasvaa umpeen takana.

Kun olen vuosien näännyttämä

hulluna yksinäisyydestä ja toivottomuudesta,

matkanneena metsän synkimpään sopukkaan

on viimein suuren taistelun aika.

Eikä kukaan ole näkemässä,

eikä kukaan ole auttamassa.

Ajatus on vuoren kokoinen,

musertava ja synkkä.

Repii rikki mielen,

tuhoaa kaiken vähän mitä on jäljellä.

Ajatus on jalkojen alla pettävä maa!

Ajatus on loputon kierre pinnan alle pimeään!

Ajatus on lopullinen itseään toistava silmukka!

Taistelu jatkuu päivien päähän.

Taistelu on yhä turhempi ja tarpeettomampi.

eikä taistelu anna armoa tai tunne sääliä.

Aurinkolasit

Menin ostamaan energiajuomaa,
sain aurinkolasit.

Menin käymään tansseissa aurinkolasit päässä,
sain naisen.

Piti vähäsen vain kokeilla naisen kanssa,
sain lapset ja perheen.

Naisella oli myös sisko,
sain eron.

Erottuani rupesin juomaan viinaa,
sain krapulan.

No, ainakin aurinkolasit tulivat tarpeeseen!

Kirjoitin laulun

Kirjoitin laulun

heille, jotka eivät siihen itse kykene.

Halusin tuoda ilmoille tukahdetut äänet,

löytää niistä kauneutta,

Antaa heille edes pientä lohtua.

Silloin huomasin rajallisuuteni:

ei se olisi ollut hyvää eikä puhdasta,

ainoastaan itsekkyyteni tahrimaa.

Mahtavat äänensä tulevat uniini!

Pilkkaavat minua!

Moittivat minua!

Eikä heillä ole ketään muutakaan.

Ikkuna

Avasit ikkunan yöhön.

Tähdet olivat imeliä tikkukaramelleja poimittavaksi,

maistoimme niistä jokaista nauraen

ja humalluimme järjiltämme.

Veikeä kuu lahjoitti valoa polulle,

jonka varrella lumiset peltoaukeat

ja talojen savua pakkaseen tupruttavat piiput.

Kuljimme yhdessä ihmetellen valkeaa kauneutta.

Jossain toisaalla tapahtui tuhat kuplivaa tarinaa.

Jossain miljoona suudelmaa vaihtoi huulia

ja aika huuhtoi sukupolven toisensa perään.

Kiipesimme mäen rinteelle katsomaan unista maisemaa.

Kerroit silloin lähteväsi, ettet tulisi enää takaisin.

Eikä sanottu paljoa, juuri mitään, ei ollut tarvetta

Aamu sarasti ajastaan

ja tapahtui siitä lähtien aina muuttuneena.

Asutan yhä vanhaa pirttiä ja vanhoja ajatuksia.

Asutan yhä muistoa sinusta

ja aina kun yksinäisyys käy liian suureksi pitkinä talviöinä,

otan taivaalta tikkukaramellin.

Nämä yöt, nämä yöt!

Nämä yöt, nämä yöt!

Loimuavat tulta!

Yksin sanojeni kanssa

yksinäisyyteni väriloistossa.

Syntyneenä vääränlaiseen maailmaan

vääränlaiseen tarinaan.

En ole nähnyt juuri mitään, silti jo liikaa kirjoitettavaksi.

Tulta loimuaa yö, sanomaton ikävä, sammumaton polte!

Samat kadut ja kulmat, päivittäinen rutiini, reitti lähikauppaan.

Pitikö elämän viedä katsomaan suurta maailmaa?

En muista, tai ehkä en saanut selkoa käsikirjoituksesta.

Jäin tähän ympyrään, yhä pienempään ja yhä lannistavampaan,

enkä osaa vielä luovuttaa, en osaa antaa periksi, sopeutua.

Ihmettelen lähikaupan ihmisiä, katujen kulkijoita.

Kahdesti päivässä he liikkuvat joukolla,

liikenteen äänet voimistuvat arkipäiväisin.

Enkä tunne heistä ketään, enkä ole enää varma haluaisinko.

Muistan murheelliset kasvot lähiökapakan vessan peilissä.

Muistan terassilla tuntemattomien kesken vaihdetut

kaljanhuuruiset sanat,

jotka tekivät hetkeksi kaiken merkityksen

jonka voi tästä maailmasta löytää.

Vapautta on täällä kovin vähän:

sen verran minkä jaksaa juosta valitsemaansa suuntaan,

minkä verran jaksaa juoda illassa

tai minkä aikaa jaksaa huutaa päätä seinään lyöden.

Toivoa täällä on vielä vähemmän,

eikä sydän suostu antamaan periksi.

Laittaa röökin palamaan,

kirjoittaa sanan toisensa perään,

kiroaa kyvyttömyyttään,

kiroaa jokaista kirjainta,

eikä ole muuta keinoa tehdä mitään.

Unien takana, ikuisuuden tuolla puolen

kaupungin keskellä virtaa joki täynnä kuplivaa viiniä,

uskothan sen?

Joki yhtyy taivaan kankaaseen,

tähtikartoissa ikuisen rakkauden jäljet.

Eikä aikaakaan, kun näen jo hymysi!

Siitä on jo kauan, mutta en voisi unohtaa!

Lämmin kesäillan tuuli puhaltaa väreillen iholla,

maistuva viini päihdyttää, soitto soi.

Eikä kellään ole puutetta mistään.

Lupaa minulle tärkein:

että tapaat minut siellä.

Ei sitä ole merkitty ihmisten karttoihin,

eikä siitä puhuta muuten,

kuin syksyjen tuulessa kuiskattuina lämpiminä sanoina,

jotka ymmärtävät yhä enemmästä vähemmän.

Opettelevat unohtamaan

ja opettelevat rakastamaan elämää

Kaikki muuttuu, on silti ennallaan

Hetken pidän tästä, kaikesta

ja hetken päästä en enää välitä

ja siitä eteenpäin, voi vain arvailla!

Tarina repeää liitoksistaan,

repeää loistoonsa!

Putoaa sivut puhki polttavina kirjaimina!

Eihän rohkein ole se,

jota ei pelota

ja minä pelkään elämää

ja totuuden sanoja.

Olen yhä täällä.

Pelaan yhä aikaa,

pelaan pois elämääni.

Muista sanat

pidän lupaustasi aarteena, toivona.

Ei minulla ole muutakaan

näinä öinä,

jotka loimuavat tulta!

Tyhjyydelle sanat

Tyhjyydelle sanat, tyhjyydelle lauseet.

En jaksa enää lausua niitä,
joten ne valuvat alas kurkusta.
Valuvat alas kaiken jälkeen
tarinan haalistuneille sivuille,
jotka olivat kerran täynnä värejä,
jotka luulivat kerran tuntevansa tien.

karvas on makunsa.
karvas on tarinansa.
Kertomattomien tarinoiden paino.

Paino,
jonka vain seinää tuijottava katse voi ymmärtää.

Kaukana katoavat päivät horisontin taakse,

jossain takanaan paratiisi,

jonka sain kerran asuttaa.

Keltainen talo mäen päällä

kuoppaisen tien laidalla,

Kaikki tiet olivat silloin vielä auki.

Kaikki oli kaunista ja värikästä.

Enhän sitä osannut silloin tietää,

etten saisi koskaan tuntea suurempaa rakkautta

ja että etsisin lohtua lopun elämäni

ja että lohtu olisi aina epätoivoisempi

ja tuhoaisi yhä enemmän ja pahemmin.

Samat kadut.

Samat kerrostalot matkan varrella.

Sama ruokakauppa.

Katselen ohitse kulkevia ihmisiä ikkunasta.

En tunne heitä,

enkä ymmärrä keitä he ovat.

Ihme, jonka kaikki vaatisi muuttuakseen,

on kuin kupla tai purkkapallo.

Paisui kuukausina ja vuosina,

jotka elämänhalu vaati ehtyäkseen.

Leijaili lopulta karkuun ikkunasta.

Leijaili tuulten mukana pois linnunradan taakse.

Juoksin perässään korttelin matkan,

hengästyin ja väsyin.

Putoan aina takaisin samaan:

Elämäni kaiken ulkopuolella,

tarinan ulkopuolella.

Koeta pysyä hengissä, he vaativat,

jotta saisit nähdä muiden perustamat perheet,

omakotitalot, uudenkarheat autot.

Minua tarvitaan,

vain jotta olisi joku kenellä menee huonommin

ja joka voidaan työntää muiden alapuolelle.

Putoan aina takaisin,

enkä tiedä haluanko enää nousta.

Tie

Kuinka veikeä olikaan kerran aurinko ,

nousseena kuivan hiekkatien ylle.

Lämpimänä kesäpäivänä kaukaisuudessa,

oli neljännen kesälomasi parhaat päivät,

paljaissa jaloissasi aamukaste lyhyeksi leikatulla nurmikolla.

Linnut lauloivat, tunsit lämmön ihollasi.

Heinäseipäiden välissä sijaitsi jalkapallomaali,

muille tietämätön, tuntematon.

Pohdit kierrepotkujen salaisuuksia,

joilla maalikuninkuuden voisi helposti voittaa

.

Kouluturnaus olisi tietosi mukaan niihin aikoihin,

kun omenat olisivat jo kypsiä,

mutta uimavesi jo viilentynyttä.

katsoit mutkan taakse katoavaa kuoppaista pihatietä,

joka askarrutti mieltäsi.

Kysyit,

että mihinkö tuo vie?

Vastaus oli,

ettei se ole vielä sinun kuljettavaksi,

eikä tiedettäväksi.

Karu olikin tie, jonka luonteen sait myöhemmin tuntea.

Eihän sitä silloin kukaan halunnut sinulle kertoa,

ei tohtinut, ei halunnut paljastaa asioiden luonnetta.

Säälimätön olikin tuo hiekkatie,

jolle sinut lopulta käskettiin matkaan,

ja jonka pinnan sait pian huomata muuttuvan asfaltiksi.

Tie rönsyili jokaisesta risteyksestä

ja kasvoi leveydeltään useammiksi kaistoiksi,

johti toinen toistaan suurempiin kaupunkeihin.

Ja kun nyt ajat öisiä valtateitä,

Ymmärrät jo kaiken sellaisena,

miltä sinut haluttiin säästää.

Ymmärrät menettäneesi moraalisi,

kadottaneesi hallinnan.

Ettei toinen toistaan pahemmat teot

tunnu lopulta yhtään miltään.

Ettei ole väliä ketä äänestää.

Eikä ole väliä mihin uskoo,

Ei enää yhtään mihinkään.

Eikä ole enää merkitystä missään.

Ettei tarinallasi enää voi olla hyvää, eikä onnellista loppua.

Että olet heidän pelastuksensa ulottumattomissa.

Heidän, joiden jumalan nimi on maalattuna ohjusten kyljissä.

Maailmassa, jossa kaikille ei anneta mahdollisuutta,

monille ei edes pientäkään.

Ihmettelet yhä syvemmin

lapsellisuutta ja itsekkyyttä ympärillä.

Ihmettelet tyhmyyttä ja typeryyttä.

Etkä enää osaa sanoa, onko kyse

oudosta huumorista ja parodiasta.

Todella toivot,

että olisi jotain pintojen alla.

Sitten kuitenkin toteat,

ettei oman pintasikaan alla ole yhtään mitään.

Kuulet vahvoja sanoja ja kovia puheita,

vaikka ne ovat vailla syvempää tietämystä.

Ne herättävät luottamusta ja toivoa,

että edes joku tietää mitä tehdä

ja tuo joku ei ole koskaan kiinnostunut muusta

kuin omasta vallastaan.

Onhan maailmassa silti kauneutta.

Olethan kuullut soiton soivan ja viinin lämmittävän.

Olet saanut nähdä kesäillan värit heijastuneena

veden tyynelle pinnalle.

Katsot tietä edessä.

Sellaisena kuin sen sait tuntea,

et osaa enää lopulta tuntea mitään.

Kun lopulta kerrot kerran kaltaisellesi,

ettei tie ole vielä sinun kulkea,

Haluat säästää hänet totuudelta,

edes vähäksi aikaa.

Vaaleansiniseen uneen

Kadottiin yhdessä vaaleansiniseen uneen.

Vuodet lauloivat takana vimmaisia,

violetteja nuotteja falsetissa.

Viisauden sanat lensivät taivaan tuuliin repaleisina sivuina,

niitä ei enää tarvittu.

Elämänarvoitukset pyörähtivät ympäri,

muuttuivat merkityksettömiksi.

Eikä osattu enää välittää.

Silmiisi oli syttynyt loisto,

olit varma asiastasi.

Tahdoit näyttää minulle jotain,

pyysit seuraamaan johdatustasi.

Saavuimme rannalle.

Tähdet yllä pursusivat purppuraa valaistusta.

Kuu oli pullistunut valtaisaksi,

loimusi horisontissa hopeaa.

Riisuimme,

katselin hetken kaunista vartaloasi.

Hymyilit.

Vesi oli hellivän lämmintä.

Uimme keskelle järven selkää,

aurinko alkoi nousta hiljakseen.

Valo kasvoi kirkkaudeksi ympärillä.

Suutelimme rajusti ja pitkään,

kuin viimeistä kertaa.

Uimme takaisin rantaan.

Kuivattelimme kalliolla auringossa.

Aloit puhua kauniita sanoja.

Puhuit paljosta:

seitsemästä rakkaudestasi

ja horkkaisista yksinäisistä öistä,

joina himoitsit elämää.

Suljin hetkeksi silmäni

ja uskalsin viimein rakastaa sinua.

Sunnuntaihymyjä

Verkkaisen sunnuntaisen aamupäivän
viattomia ja vilpittömiä hymyjä.

Olet siinä
enkä lopulta tiedä kuka olet.

Minulla on ainoastaan arvailuita ja päätelmiä,
yhteisiä vuosia muistojen nauhassa.

Olet siinä.

Suljen hetkeksi silmäni

ja hengitän maailmaa ympärillä.

Sade ropisee ulkona.

Kahvin tuoksu tulvii keittiöstä.

Hetkiä,

joista toivon etten koskaan unohtaisi.

Olet siinä.

Tiedät vikani ja tunnet heikkouteni,

suot silti kunnian jakaa elämäsi kanssani

ja suot armon käyvän oikeudesta.

Et kosta maailmalle pahaa, jonka koit.

Olet liian viisas

kuulemaan ja toistamaan myrkyllisiä sanoja.

Olet siinä.

hymyilet minulle.

Ei ole kiirettä mihinkään

ja se riittää.

Purukumimuistot

Rikki väännetyt ja purukumilla korjatut muistot,

joissa vihertävinä kevätpäivinä puhaltelin

salaa kellarissa työstettyä lähdekoodia saippuakuplina tuuleen

ja iltaisin join kuumasta kraanavedestä sekoitettua murukahvia.

Yksinäisyys oli silloin ympyrää kiertävän kellon mittainen

ja kerrostaloyksiön muotoinen.

Noihin aikoihin olin keksinyt monta hyvää poppakonstia

ajan kuluttamiseksi.

Täyskuun aikoihin sain sadetansseillani aikaan aaltoja

joissa kirjainmerimiesten oli hyvä seilata

ja laitoin pystyyn pyydyksiä

joilla jahtasin lohikäärmeitä,

joiden tiesin pitävän vanhan navetan kiviseinästä

hallaöinä lämpöä saaneista tomaateista

ja joiden mehukkaasta lihasta saisi keitettyä hyvän noitaliemen,

jonka päihdyttämänä kävelin polkuja,

joiden varrella puut kuiskivat

sittemmin unohtamaa nimeäni.

Vuodet vaikenivat takanani ja kaikki meni rikki,

kaikki kaatui sätkien maahan ,

kaikki kirjoitti nimensä maalaisaitan seinään

ja kirosi kyvyttömiä kirjoituksia ja vuosien taipaleita.

Houreyö kasvoi ympärilläni pulleana kuplana kihisten!

Lammen rannalle johti pieni polku, joka kasvoi umpeen takana.

Logiikka petti,

oli sukellettava syvemmälle petokalan lailla

eihän tiedä mitä siellä piileksii!

Vaarallisten vesien takana joki olikin sellainen,

joka yhtyi kuplivaan taivaankankaaseen

jonka valokuvioista saattoi nähdä kartan vaikeimpaan

kartan meihin.

Silmänsä, joista halusin nähdä kaiken, kertomatta jääneen.

Peileissä valovuosien takana viisaus:

he tietävät jo salaisuuden,

ettei sellaista edes ole.

Yö tunnusteli yhä painoaan,

kaikki edessä, kaikki takana, silmänräpäys,

jona vapaus kahden tyhjyyden välillä lentää pakkasessa

leikitellen lumihiutaleina tuuleen!

Paikkoihin, joita ei ole mainittu ihmisten kartoissa

eikä sanoilla kuvailtavien tarinoiden sivuilla.

Ollaan yhä täällä,

puhuri heittää hiuksiin hiekkaa,

kohta jo pois.

Sunnuntaina

Vuodet suutelivat ikuisuuden huulia.

Kaupungit luiskahtivat mereen.

Taustapeilissä unholaan vaipunut maailma.

Maahan lyyhistyneet suuret puheet.

Ja eräänä sunnuntaina kaiken jälkeen.

Pyysin, ettet lähtisi vielä.

Sanoit, että tämä hetki on riittävästi.

Tämä hetki ja hymysi.

Hymyilen

Eiväthän ajat niin huonoja meille olleetkaan.

Läpi tuulten ja lumituiskujen,

painautuivat askeleet hankeen

kerran eletyksi ja puhurien huuhtomaksi.

Ja kun lämpimänä kesäpäivänä luonto vihertää ympärillä,

kuulen laulusi, jota laulat minua varten.

Sieluni värisee rakkaudesta!

Hymyilen, en osaa muutakaan.

Odotan jo omenien kypsymistä,

viinimarjapensaiden ja karviaispehkojen satoa,

kalakeiton makua.

Ajetaan polkupyörillä rannalle iltapäivällä.

Mennään uimaan lämpimään veteen,

jonka yllä aurinko iskee silmää pilvien takaa.

Ja kun lämpimänä kesäyönä kirjaan ylös maailman,

kuten kaiken olen saanut kokea.

Sieluni värisee elämästä!

Ei pahaa sanaa mistään!

Hymyilen, en osaa muutakaan.

Varjoihin piirretty

Meriteiden päässä avautuvia uusia maailmoja
Ja joenuimat outoine kaloineen
saivat keksimään uudenlaisia sanoja
väreissään roiskuvia.

Sanaleikkinsä normaaliudessa
rakastelun jälkeisten hymyjen nautinnoissa.
Autojen valot tanssivat aamuöisillä seinillä.
Yhä uudelleen muistiin tulviva hiusten paino ihoa vasten.

Ikuisuuksia kolme tai enemmän,
silkkiin käärittyjä kukkia
matkalla lumihuippuisten vuorten taakse.

Jäniksillä puolikkaat porkkanat suupielissä
ja juttuja joihin jo kyllästyy.

Talo mäen päällä

auringonsäteet verhojen raoissa.

Odota vielä hetki, äkkiä tai enemmän.

Kuulet kaiken joka oli jäänyt kertomatta.

Kunhan et lähtisi vielä,

viipyisit ehkä suudelman verran.

Elämä joka saa aikaan paljon.

Kaupunki lumen peitossa

ja vähäinen aurinko parvekkeella apatiassaan

ihmettelee tupakoiden

mikään ei tunnu enää miltään.

Kaikki elämään viittaava,

jota ei osaa enää edes kaivata.

Pelätä muutosta odottaa hulluutta!

Keksipaketit soittavat jazzia!

Jogurttipurkista puskee ylös toiveita rakkauden suhteen!

Seinäkello kohtauksen todistaa.

Loppumies tanssia saa, tanssia saa!

Keksipaketti tahdittaa vaan.

Jogurttipurkki asian tunnustaa.

Loppumies tanssia saa, tanssia saa!

Kello aikaansa tovin lahjoittaa.

Lahjaksi saadut sumukadut,

surun todellinen luonne

ohitse lipuva.

Yhä elämää ymmärtämätön yö,

katulamputkin hautaavat omansa,

kantavat jokainen tarinaansa.

Kuka kuulisi huudot ja hurmoksen?

Minä varjoihin piirretty,
koukeroisilla viivoilla kirjain kerrallaan.

Varjoissa valuu ohi toinen maailma.
Kyyneleet ovatko ne todellisia?
Osaako varjo itkeä?

Helpolla tehty vaikein:
kirjoitin varjoihin itseni!

Jakakaa salaisuutta, lupausta toivosta.
Eilisiä katsomassa taustapeilissä,
Kädet nousevat kiitoksesta.

Ei väliä minne suuntasi otat,
kaukaisimmalla rannalla
salaisuus on kasvanut takanasi kaiken aikaa,
hymyilee sinulle.

Pidä lupausta lähellä sydäntäsi,

eivät vuodetkaan osaa viedä pois arvoaan.

Minä hymyilen sinulle!

Minä hymyilen sinulle!

Aamun koitteessa

Aamun koitteessa
valo kasvoi äkkiä,
pursusi pitkin kalmanharmaata marraskuun taivasta.
Liikenteen äänet olivat voimistuneet.
Istuin ikkunan ääreen, katsoin pihatietä.
Ihmettelin,
enkä osannut ajatella suuria sanoja.
Ihmettelin vain.

Aamun koitteessa,
en osannut kuin surra.
Otin kitaran ja aloin soittaa hiljaa
yksinäisyyteni sävelmää.
Soitin,
enkä saanut päähäni yhtään selkeää ajatusta.
Soitin silti.

Aamun koitteessa

kulkijat kävelivät pihatietä,

matkalla töihin, kouluun, jonnekin.

Heille on varmaan tärkeää matkalla oleminen, arvelin.

lähempänä puolta päivää

Pihatie oli enimmäkseen tyhjä.

Uneksin,

enkä osannut olla ajattelematta tulevaa joulua.

Uneksin vain

Aamun koitteessa

arvelin, että se olisi tapahtumassa:

pahin mahdollinen.

Ei kuolema, mutta kuolema elämässä

Enkä jaksaisi enää laittaa vastaan

Enkä tiennyt olisiko niin paha kuitenkaan

Hymyilin,

enkä osannut olla pahoillani elämästä.

Hymyilin vain.

Talvimaisema

Kaunis talvimaisema aamuauringossa tammikuussa.

Näinä elämänsä viimeisinä vuosina,

hän alkoi nähdä väläyksiä ikuisuuden kauneudesta.

Tiedosti,

ettei noita tuokioita tulisi

enää uudelleen samankaltaisina.

Osasi kunnioittaa hetkien arvoa.

Koetti elää yhä lujempaa,

eikä osannut tehdä sitä muussa,

kuin runoutensa määrässä.

Katsoi kirkasta sinistä taivasta ikkunan takaa.

Ensilumi oli satanut kolme päivää aikaisemmin.

Antoi ajan lipua.

Puut huojuivat hiljaa tuulessa.

Eiväthän puut välitä ihmisten suruista,

eivätkä puut ole ilkeitä kenellekään.

Rikottu ihminen,

niin pahasti säröillä,

että halusi enää olla rauhassa

viimeiset yksinäiset aikansa.

Vaatimattomassa elämässä,

pienessä elämässä.

Hän kertoi tuon kaiken minulle,

enkä osannut auttaa.

Miehen tulisi pitää huolta itsestään,

pärjätä yksin,

niinhän meille on opetettu.

Kertoi itkevänsä päivittäin.

Minun oli laitettava huumoriksi,

ei sellaista saisi sanoa.

Näin hänet silloin tällöin rappukäytävässä
tai pyykkihuoneessa, tervehdittiin toisiamme
ja juteltiin aina tovi.

Kului kaksi vuotta.
Hän poltti tupakkaa parkkipaikan vieressä.
Menin juttusille, moikkasin.
Hän kertoi eläneensä nyt tarpeeksi,
ettei halunnut nähdä enempää.
En osannut siihen sanoa mitään.

Katsottiin toisiamme hetki.
Sanoi haluavansa antaa runokirjansa minulle,
lupasin hakea sen joku päivä.

Meni kaksi viikkoa, kun huomasin
nimen vaihtuneen postiluukun yllä.
Enkä tiennyt mitä tuntea.

Enkä tuntenut juuri mitään,

en edes silloin,

kun näin kirjansa toistakymmentä kopiota

roskalaatikossa.

Heitin vain jätesäkkini päälle